AF260187

NI MONARCHIE, NI DÉMOCRATIE

· PARIS

IMPRIMERIE BALITOUT, QUESTROY ET Ce

RUE BAILLIF, ET RUE DE VALOIS, 18

NI MONARCHIE

NI DÉMOCRATIE

———

LE SUFFRAGE UNIVERSEL PERD LA FRANCE

PARIS

E. DENTU, LIBRAIRE-ÉDITEUR

PALAIS-ROYAL, 17-19, GALERIE D'ORLÉANS

———

1871

AU LECTEUR

La France s'écroule!

Les démocrates en accusent les royalistes. Les royalistes en accusent les démocrates. Tous récriminent avec passion, l'arme au poing! comme s'il fallait que ce que nos guerres ont laissé debout, fût détruit par leurs mains!

Pauvre France! En 1847, elle était la première des nations! Tiraillée, aujourd'hui, dans tous les sens, vaincue, humiliée, dévastée, elle n'a plus ni grandeur, ni fierté, ni force.

A quoi cela peut-il tenir? Tous s'interrogent. Tous font leur *meâ culpâ*. Si rude qu'ait été la leçon, rien ne serait désespéré, si elle ne devait pas être perdue. L'avenir aurait bientôt réparé nos désastres. Mais, avant de rien entreprendre, au moins faudrait-il savoir d'où vient le mal! et, soit ignorance, soit peur, nul ne le dit.

Chacun n'en propose pas moins son remède. A en croire les démocrates, la constitution des Américains nous sauverait; d'après les conservateurs libéraux, ce serait celle des Anglais; d'après les absolutistes, celle des Russes ou celle des Turcs.

Mais toutes ces constitutions, qu'elles fassent ou non le bonheur des peuples qui en jouissent, ne feraient, à coup sûr, pas le nôtre; par la raison bien simple qu’aucune d’elles ne s’adapterait à nos mœurs, à nos tendances, à nos besoins; et que c’est la condition indispensable du succès.

Les lois dont la France a besoin, ne sont, toutes faites, nulle part. Qu’on étudie! qu’on cherche! La politique est une science. Les Français ont voulu l’ignorer jusqu’ici; il est temps qu’ils avisent, et que la réflexion et le savoir se substituent, chez nous, aux préjugés et aux entraînements.

Les démocrates auraient beau dire que la République est de droit divin, qu’ils la mettent : ceux-ci au-dessus, ceux-là au-dessous du suffrage universel, lui aussi de droit divin; ce ne seraient que phrases creuses où la logique et la politique n’ont aucune part. L’expérience, du reste, a prononcé. En 1848, la République nous a été octroyée, flanquée du suffrage universel. Notre décadence et nos malheurs datent de là. Que si les démocrates rejetaient l’insuccès sur nos vieux partis, sur leurs intrigues, ce serait reconnaître que l’état actuel de nos esprits et de nos mœurs, est contraire à la république démocratique; alors pourquoi nous l’imposer?

A leur tour, les royalistes affirmeraient, en vain, que c’est la Royauté qui est de droit divin, avec ou sans le suffrage universel; et qu’elle seule nous donnera la stabilité. Cette stabilité, en tout cas, serait précaire; puisque en soixante-dix ans, la France a vu tomber six trônes.

La solution n’est donc pas encore là. Mais où est-elle? Existe-t-elle seulement? On serait tenté d’abandonner la recherche. Oui! si la France ne s’écroulait pas! Eh bien! dira-t-on, qu’elle s’écroule, si telle est sa destinée! On ne peut, d’ailleurs, pas gouverner une nation qui est ingouvernable, chez laquelle le respect de la loi n'existe plus.

Nos aïeux, à la vérité, se faisaient tuer pour leurs rois, et nous chassons les nôtres; ils respectaient les lois, et nous n'avons aucun souci de celles qu'on nous fait; l'instabilité politique, enfin, leur était inconnue, et nous y semblons condamnés à jamais. Mais tout cela prouve uniquement: et que le gouvernement sous lequel ils vivaient répondait à leurs besoins; et que ceux essayés de nos jours n'ont pas répondu aux nôtres. Qu'on s'en prenne donc aux hommes d'Etat, et pas à la nation!

La vérité est que l'effondrement, en 89, de l'ordre social antérieur, rendait caduc, inapplicable, mauvais, l'ancien appareil gouvernemental; et qu'il fallait en découvrir un autre. Ce problème, difficile ou non, la force des choses l'imposait; elle l'impose encore.

Le présent travail est un essai de solution. Il est divisé en trois parties.

La première définit le problème et le pose;

La deuxième développe les considérations et les principes devant conduire à la solution;

La troisième indique la solution.

A qui le lira, l'auteur demande : l'attention, car le sujet est sérieux; l'indépendance de l'esprit, car les préjugés sont nombreux en ces matières. S'il était royaliste ou démocrate, qu'il veuille bien pour un temps l'oublier!

NI MONARCHIE, NI DÉMOCRATIE

PREMIÈRE PARTIE

POSITION ET DÉFINITION DU PROBLÈME

I

DES INSTINCTS DE BIEN-ÊTRE ET DE LIBERTÉ, DE LEUR RÔLE, DANS LES GAULES ET EN FRANCE, JUSQU'EN 1789.

L'homme s'agite et Dieu le mène, a dit Bossuet. En tous temps, en effet, en tous lieux, l'homme nous apparaît doué d'un instinct irrésistible, toujours le même, qui le pousse à augmenter son bien-être et à développer ses libertés; et nos instincts viennent de Dieu. L'homme serait aussi impuissant à s'en donner de nouveaux, qu'à se soustraire à ceux qui lui sont imposés.

Cet instinct vers le bien-être et vers la liberté, a sur les choses de la politique, une action immense. Il est le soutien et le stimulant des sociétés humaines. C'est lui qui nous a amenés où nous sommes. Là où il nous conduit, nous irons!

La route sera courte ou longue, heureuse ou désolée, selon l'habileté ou l'inhabileté de notre politique. Mais où nous conduit-il? L'histoire peut seule le révéler. Interrogeons-la.

La nationalité française, ainsi que toutes celles de l'Europe occidentale, a son berceau dans l'invasion des Barbares. Ce fut, à partir du cinquième siècle, du Nord au Midi, de l'Est à l'Ouest, comme un flot dévastateur, qui eut, pendant des centaines d'années, ses flux et ses reflux. Pour les populations d'alors, foulées, dispersées, détruites, il n'y avait encore ni civilisation, ni politique; vivre était le grand point. Charlemagne façonna ce chaos, lui donna des lois, constitua un empire. C'était prématuré! Lui mort, le chaos reparut. Son empire se brisa en plusieurs monarchies, qui se brisèrent elles-mêmes en monarchies plus petites, qui se brisèrent à leur tour, jusqu'au morcellement à l'infini. Ce fut la féodalité. Elle était dans toute sa splendeur à la fin du dixième siècle. L'œuvre des seigneurs était finie, celle de la nation allait commencer. De là, datent notre politique et notre civilisation.

Des maîtres nombreux, armés jusqu'aux dents, et des foules d'esclaves, tel fut le point de départ. Nul ne semblait de force à oser tenter d'y changer rien. Pas plus les rois que d'autres. Hugues Capet, le roi d'alors, à coup sûr un très-grand seigneur, ne se fût pourtant pas attaqué impunément au duc de Normandie, au comte de Champagne, au duc de Bourgogne ou à d'autres, qui s'appelaient d'ailleurs les pairs du roi, à cause qu'ils le valaient bien. Mais les instincts de bien-être et de liberté des masses étaient opprimés. Ils réagirent. Cela suffit.

La lutte fut longue et cruelle; mais glorieuse! Elle durait depuis un siècle, au plus, que les seigneurs subissaient déjà, et partout, l'érection en communes des villes et villages qu'ils avaient, jusque-là, gouvernés en maîtres. Des chartes qu'on les contraignit à signer, limitèrent leurs pouvoirs, et, chose qui leur parut plus odieuse encore, stipulèrent des droits pour leurs anciens vassaux! De despotique, la féodalité devenait constitutionnelle; la nation le lui imposait! Le résultat final n'était, dès lors, plus douteux. A peine constituée, la féodalité était frappée à mort. Elle mit sept cents ans à mourir.

Durant son agonie, les rois grandirent. Si bien que quand la féodalité eut cessé d'être, la monarchie absolue se trouva reconstituée. Fait secondaire, sans doute; il a tenu, pourtant, une telle place dans notre politique et dans notre histoire, qu'il convient d'en bien préciser le caractère.

A en croire les absolutistes, rien ne serait plus simple. Les rois auraient joui de tout temps, et par la grâce de Dieu, du pouvoir absolu. Si les communes furent constituées, c'est qu'ils le permirent ou qu'ils l'ordonnèrent; si des chartes furent signées, c'est qu'ils les imposèrent, tant aux seigneurs qu'aux vassaux, dans une pensée de mansuétude, pour éviter l'effusion du sang.

Interprétation que les faits contredisent. En réalité, Hugues Capet et ses successeurs, jusqu'à Louis VI, n'ont régné que sur le seul duché de France qui équivalait à cinq de nos départements à peu près; au delà, leurs pouvoirs étaient nuls. Plus tard, ils grandirent, mais lentement, comme le prouvent ces paroles de Philippe Ier au lit de mort (en 1108): « Allons, fils Louis, garde bien cette tour de Montléry, » d'où sont sorties des vexations qui m'ont vieilli » avant l'âge. »

Et Montléry était aux portes de Paris! Comment, alors, et en quoi, la royauté aurait-elle pu aider les vassaux du Midi, de l'Est, de l'Ouest? Les communes s'y constituèrent pourtant tout comme ailleurs. Si les rois ne pouvaient rien pour le mouvement, ils n'auraient également rien pu contre lui, quand bien même ils se fussent unis aux seigneurs pour le combattre. Sur plusieurs points, d'ailleurs, ils l'essayèrent.

A Laon, entre autres, on voulut une charte. Le seigneur du lieu, qui en était aussi l'évêque, l'accorda; puis la retira. Louis VI prit fait et cause pour lui; ce qui n'empêcha rien. L'évêque fut assailli dans son palais et égorgé. Des représailles terribles eurent lieu. La ville de Laon n'en obtint pas moins sa charte.

Les rois, en définitive, étaient trop peu de chose, au commencement de ce grand débat, pour y avoir un rôle. La nation seule fit tout. Que les rois, quand elle eut vaincu en partie, se soient associés à elle, que le triomphe en ait été rendu plus rapide, plus complet, cela n'est point douteux; mais qu'importe! Dans la situation servile d'où l'on partait, le difficile pour le mouvement national était de naître, et non pas de grandir.

Quant à la royauté, égale naguère des seigneurs, elle les dépassa bientôt, et d'heure en heure, de tout ce que la rébellion des vassaux leur enlevait. A plusieurs reprises, il est vrai, les seigneurs tentèrent de réagir. Ils se liguèrent contre le roi; les communes accoururent à son secours, et l'écrasement de l'ennemi commun continua; jusqu'à ce que la féodalité vaincue, se fut prosternée humble et rampante devant le trône, dont la puissance à ce moment fut vraiment colossale.

Maîtres enfin du pouvoir absolu, les rois changèrent brusquement de politique; et, désertant la vieille alliance qui les avait faits ce qu'ils étaient, ils se déclarèrent pour les privilégiés.

Quant à la nation, il lui importait peu que les priviléges émanassent désormais de la faveur royale, au lieu de se prétendre comme autrefois créés par la grâce de Dieu. Elle n'avait pas livré tant de combats pour changer l'ordre de la tyrannie; mais pour la détruire. La guerre continua donc. Elle changea toutefois profondément de caractère. Les opprimés, les rebelles, furent bien encore les bourgeois et les serfs; mais la bannière royale ne fut plus avec eux. Elle flottait maintenant dans le camp ennemi.

Si Louis XIV et Louis XV ne furent pas inquiétés par la guerre civile, ils ne le durent qu'à leur humeur belliqueuse. Les guerres où ils lancèrent la nation la détournèrent pour un temps des luttes intestines. Avec Louis XVI, qui était pacifique, la politique intérieure reparut. Les deux partis se retrouvèrent en présence, acharnés à poursuivre leur but : le petit nombre, la puissance; le grand nombre, le bien-être et la liberté.

Toute menaçante que fût la situation, les rois pouvaient encore la dominer, en se mettant résolûment à la tête des efforts populaires. Ils ne le comprirent pas.

L'intérêt mal entendu de leur puissance les aveuglait. En 89 donc, et malgré le roi, l'abolition des priviléges fut conquise; l'égalité des Français devant la loi fut proclamée. Alors, la nation, armée de la loi, protégée par elle, se posa en face du trône, et les difficultés sérieuses commencèrent. C'était le problème politique moderne qui surgissait !

Le progrès, désormais, n'allait plus avoir qu'une formule : La loi de plus en plus souveraine ; les pouvoirs du roi de plus en plus réduits. L'heure de l'agonie était enfin sonnée pour les rois ; ils résistèrent. Mais n'anticipons pas !

II

DU ROLE DES INSTINCTS DE BIEN-ÊTRE ET DE LIBERTÉ,
DEPUIS 1789 JUSQU'A NOS JOURS.

La France de 89 voulait, exigeait l'abolition des priviléges et la limitation des pouvoirs du roi ; mais rien de plus. Les cahiers du tiers aux États généraux, le disaient nettement. La Constitution de 91 s'y conforma. Inspirée, comme elle l'était, des besoins du moment, sa mise en vigueur complète et loyale eut infailliblement réussi. Les hommes d'État en décidèrent autrement.

Pour Louis XVI et le parti de la cour, la Constitution nouvelle faisait une trop large part aux vœux manifestés; pour les Girondins, elle ne répondait pas encore tout-à-fait aux besoins; pour les Montagnards, elle n'y répondait pas du tout. D'ailleurs, ce que, tous, ils voulaient, et avant tout, c'était le pouvoir. Leur lutte a été appelée : la première Révolution. Appellation impropre; car les révolutions sont essentiellement des œuvres nationales. La nôtre, à ce point de vue, était faite et parfaite dès 91, ou même dès 89. Quant aux saturnales de 93 et à l'Empire qui leur fit suite, ce furent des faits terribles, sans doute, désastreux; mais accidentels, mais secondaires. Il n'en resta rien, quand eut cessé le choc des partis qui les avait produits.

La Restauration, en effet, ne fut qu'un retour pur et simple au point de départ. Elle fit droit, ni plus ni moins, aux demandes du tiers, aux Etats généraux. L'éponge fut passée sur toutes ces sanglantes folies, qui nous eussent été épargnées, cependant, si les hommes du passé ne s'étaient pas acharnés à nous tirer en arrière, et ceux de l'avenir à nous précipiter en avant !

La charte de 1815, par cela seul qu'elle s'était inspirée de 89, donna tout d'abord un certain calme; et, à son abri, une étonnante prospérité. Ce bonheur fut de courte durée. Louis XVIII était intelligent; mais roi ! L'avenir l'inquiétait. Le progrès lui semblait une menace pour son trône. Il tenta de l'enrayer. Il agit, toutefois, avec mesure, louvoyant quand il le fallait. Bref, il parvint à mourir roi de France. Depuis Louis XV, ce fut le seul.

Charles X, qui lui succéda, n'avait pas sa sagesse. Il brusqua les choses. Mal lui en prit.

1830, ne fut pourtant pas, à vrai dire, une révolution. La royauté avait osé un attentat contre la nation; elle en était châtiée. Ce fut tout. Dans les véritables révolutions, au contraire, l'initiative appartient aux nations s'insurgeant, au nom de leurs besoins, contre des lois qui les entravent. 1830, en tout cas, fut un coup de foudre. Ni le parti de l'action, ni celui de la réaction n'y étaient préparés ; et tout se borna à donner au pays des garanties contre l'attentat qui l'avait soulevé. Aussi, et quoique les énergumènes de tous bords puissent en dire, le gouvernement de Juillet fut-il, pendant plusieurs années, le meilleur qu'ait encore eu la France.

Mais Louis-Philippe était roi ! Il eut comme Louis XVIII, comme Charles X, peur du progrès, et voulut aller en arrière. Le nombre des électeurs n'était que de deux cent mille, il disposait de plus de cinq cent mille emplois ; il s'en servit pour corrompre les suffrages et s'assurer la majorité à la Chambre ; une majorité imposante, comme on disait alors. Son gouvernement, tout en restant parlementaire dans la forme, fut absolu de fait. L'opinion publique s'émut. On demanda l'abaissement du cens et l'adjonction des capacités. Céder, c'était avoir en face de soi sept ou huit cent mille électeurs, au lieu de deux cent mille. Impossible alors d'accaparer les élections ; et le progrès reprenait sa marche menaçante ! Le roi et M. Guizot résistèrent. Aussitôt, d'un bout à l'autre de la France, retentit le cri : la Réforme ! la Réforme ! Le roi céda, mais trop tard !

La République de 1848, une fois proclamée, il fallut lui donner des lois. C'était toujours le problème de 89 qui s'imposait. Que les hommes du gouvernement provisoire, ne l'aient pas résolu, soit ! Au moins devaient-ils s'abstenir. La France, ils le savaient, n'avait pas voulu le suffrage universel. Plutôt que de s'y expo-

ser, elle eût renoncé mille fois à son cri : la réforme!
Ils n'en eurent pas moins l'audace de le lui imposer.

Quatre mois après, le sang coulait à flots dans les
rues de Paris; les citoyens étaient transportés par mil-
liers ; la misère, la peur grandissaient; jusqu'à ce que
la nation, épuisée et lasse, eut abdiqué dans les mains
d'un despote. Alors, vinrent les guerres, puis d'autres
guerres, puis l'invasion, puis le démembrement, puis
l'anarchie. Des désastres! toujours des désastres! et
rien qui les compense! En vingt années de suffrage
universel, nous n'avons vu surgir ni un homme politique, ni un homme de guerre, ni littérateurs, ni pein-
tres, ni philosophes; rien! rien !

Notre dette qui était, en 1848, de moins de sept milliards, dépasse aujourd'hui dix-neuf milliards; et nos
monuments publics sont brûlés!

Toutes ces misères, toutes ces hontes, parce que
les hommes de février ont imposé à la France, au lieu
de la loi qu'elle demandait, une loi de leur crû!

III

POSITION DU PROBLÈME POLITIQUE MODERNE.

De ce long passé, des enseignements concluants se
dégagent.

La monarchie le remplit presque tout entier; mais
s'y montre sous deux aspects, dans deux phases,
qui diffèrent du tout au tout. De Hugues Capet
jusqu'à Louis XIV, ou si l'on veut jusqu'à 1789, les

rois marchent à la tête des instincts nationaux, et une popularité enthousiaste les environne. Ni la ligue des seigneurs, ni le gouvernement représentatif que rêvait Étienne Marcel, ni la jacquerie, ne peuvent ébranler le trône. Depuis 1789, les rois résistent à ces mêmes instincts, et aucun trône n'a pu rester debout.

Quant à la République, proclamée en 1792, en 1848, en 1870, elle a été constituée démocratiquement les trois fois ; on s'y est obstiné. Des désordres sans nom en sont résultés, puis les chômages, puis la misère, et tout aussitôt la réaction.

Ils ont été fréquents, les passages de la république démocratique à la monarchie, et de la monarchie à la république démocratique ! Toutefois, la monarchie n'a été renversée que lorsque nos libertés ont été menacées par elle ; la république n'est tombée que lorsque notre bien-être aux abois a exigé sa chute. La nation, en cela, n'était ni inconstante ni légère ; elle obéissait au contraire avec fidélité, avec suite, à ces instincts de bien-être et de liberté qui sont, nous l'avons dit, la loi du monde.

Si, d'une part, la royauté, bonne peut-être au point de vue du bien-être, est devenue, par la force des choses, l'ennemie de la liberté ; si, d'autre part, la république démocratique, préoccupée uniquement de la liberté, est encore impuissante à sauvegarder le bien-être ; si, ni l'une, ni l'autre, à cause de cela, ne sont viables dans la France actuelle, ce n'est, à coup sûr, pas la faute de la nation.

Aux hommes d'État donc d'aviser. Le problème des temps modernes se dresse devant eux, comme il s'est dressé devant les hommes de 48, comme il s'est dressé devant ceux de 89.

Nous pouvons déjà, quant à nous, indiquer en quoi ce problème consiste. Il faut à la France une constitution qui ne soit ni la monarchie qui ne lui convient plus, ni la République démocratique qui ne lui convient pas encore.

Cette constitution devra, en outre, être telle, que, aussitôt qu'un besoin de bien-être ou de liberté aura été ressenti par le pays, et manifesté par l'opinion, le gouvernement, d'une part, n'ait aucun intérêt à lui faire obstacle; de l'autre, qu'il ait le pouvoir et le savoir nécessaires pour lui donner pleine et entière satisfaction. — Sans en rien retrancher, comme aussi sans y ajouter rien.

Les pages suivantes éclairciront cette définition et la compléteront.

NI MONARCHIE, NI DÉMOCRATIE

DEUXIÈME PARTIE

PRINCIPES ET CONSIDÉRATIONS POLITIQUES

I

LA POLITIQUE STABLE EST CELLE DE LA CONSERVATION ET DU PROGRÈS.

Puisque l'instinct qui pousse l'homme au bien-être et à la liberté, est le mobile souverain des sociétés humaine, c'est à lui aplanir les voies que la politique devra uniquement prétendre. Il importe dès lors de se rendre nettement compte de la nature de cet instinct et de ses exigences.

En ce qui concerne, d'abord, le penchant au bien-être, des besoins se manifestent, qui, une fois satisfaits, entrent dans les habitudes, pénètrent dans les mœurs et deviennent comme inhérents à notre propre nature. C'est ainsi que l'homme de notre temps ne re-

noncerait, à aucun prix, au vêtement qui le couvre,
au toit sous lequel il s'abrite, à l'ustensile dans lequel
il prépare sa nourriture. Et cependant des peuples
ont vécu, ont brillé, sans les avoir connus. A l'é-
gard de ce bien-être, petit ou grand, dans lequel
il a été élevé, l'homme est, on peut le dire, pas-
sionnément conservateur. Il ne s'en tient pas là.
Les joies que de plus riches que lui se procurent,
le tentent. Des désirs naissent, puis d'autres, puis
d'autres. D'où une aspiration illimitée au progrès.
Conservation et progrès sera donc, au point de vue
du bien-être, la devise de l'humanité.

Au point de vue du penchant à la liberté, mêmes
remarques. On ne tenterait pas impunément aujour-
jourd'hui de nous rattacher à la glèbe; de ne concéder
qu'aux nobles ou aux riches, les grades dans l'armée,
la diplomatie, la magistrature; c'est ainsi pourtant
que se passaient les choses, il y a peu d'années!
Les libertés qu'il a connues, sont incontestablement,
pour l'homme, un patrimoine précieux, qu'il conser-
vera coûte que coûte. Ce n'est pas tout : ambitieux
pour lui ou pour les siens, il est impatient de voir
tomber les barrières qui le séparent des sommets
qu'il convoite. De là une aspiration incessante au
progrès.

Conservation et progrès résumera donc les tendances vers la liberté, tout comme elle résumait celles
vers le bien-être. C'est, en un mot, la devise de l'humanité. Aucun gouvernement ne l'a cependant prati-
quée, et aucun parti ne l'adopte.

Celui de l'action, lui, n'a en vue que le progrès des
libertés, sans se soucier aucunement de la conservation du bien-être. Aussi n'a-t-il jamais pu se mainte-

nir au pouvoir. Il a beau affirmer que les mesures hardies sont indispensables, qu'elles fonderont à jamais le bonheur des générations qui suivront. La génération actuelle, ne veut pas être immolée à ce futur, et problématique, âge d'or. Tout comme une autre, elle a ses droits au bonheur, et elle y tient. Les nations, nous ne saurions trop le répéter, n'entendent rien ni à la politique, ni à la philosophie. Quand un gouvernement méconnaît leurs besoins, elles s'en désaffectionnent; ce qui est très-heureux ! Où en serait-on si, d'âge en âge, l'humanité avait écouté les rêveurs, et essayé quand même leurs systèmes !

Le parti de la réaction, au contraire, ne comprend que la conservation du bien-être tel qu'il est. Pour lui, l'état social est parfait. Ceux qui parlent d'y changer quoi que ce soit, sont des utopistes, des factieux ; que sais-je ! Quant aux libertés, ce sont ses plus mortelles ennemies. Il n'en veut de nouvelles à aucun prix. Celles existantes mêmes, lui font peur. Il les limite d'abord; puis, les bâillonne ; puis, les supprime. Alors, on le renverse.

A eux deux, pourtant, le parti de l'action et celui de la réaction ne représentent qu'une bien faible minorité dans le pays. Jamais, d'ailleurs, ils n'y pourront être en majorité; car, ne voyant, l'un et l'autre, la nature humaine que par l'un de ses côtés, ils ne sauraient, en aucun temps, répondre aux besoins. La nation est, et restera, en dehors d'eux. Elle a pour elle le nombre, la richesse, la force; tout lui serait facile si elle osait; mais comment oserait-elle ? Elle n'a point de chefs; point de doctrines auxquelles se rallier !

Depuis quatre-vingts ans, tous ceux qui ont écrit, tous ceux qui ont parlé, ont écrit ou parlé : soit en

faveur de la monarchie, pour dire qu'elle est un gage
de stabilité, alors que chacun sait le contraire; soit
en faveur de la république démocratique, dont personne ne veut. Réduite à choisir entre ces deux extrêmes, la France ne peut ni ne veut se prononcer.
Mais qu'une troisième opinion surgisse! que, rompant
avec les préjugés démocratiques ayant cours, aussi
bien qu'avec ceux monarchiques, elle adopte et proclame hautement la politique de la conservation et du
progrès!

Les choses changeront aussitôt; les aspirations nationales, naguère éparses et désespérées, se groupe-
ront autour de cette nouvelle politique qui aura ar-
boré leur devise, qui répondra à leurs besoins. Et le
grand parti national sera constitué.

Avec l'espérance il aura la volonté, il aura la puissance. Qu'une constitution, alors, sanctionne ce ré-
veil de la nation, et nul ne se dressera en face d'elle
pour l'entraver! Les partis extrêmes, à coup sûr, ne s'y
risqueront pas. Vautours de la politique, ils ne s'abat-
tent que sur les agonisants; et se cachent ou fuient,
devant la vie, devant la santé, devant la force.

A la France de 1847, qui était forte et vivace, nul
n'eût osé vanter les mérites de l'absolutisme; mais à
la suite des sottes lois proclamées en 1848, et grâce
surtout au suffrage universel, l'absolutisme a surgi.
Et nous l'avons subi vingt années; et cette longue dé-
bauche autoritaire nous a légué les saturnales démocratiques de 1871.

Époques néfastes, qui disparaîtront sans retour,
quand nous aurons enfin cette constitution, si longtemps attendue, de la conservation et du progrès. La
France alors retrouvera son vrai rôle, qui est de mar-

cher à la tête des nations; car elle est leur aînée. La féodalité y était déjà constituée, quand le reste de l'Europe gémissait encore sous le flot mouvant des invasions; c'est pourquoi, la première, elle a dû lutter contre les seigneurs, briser leurs priviléges, s'affranchir en un mot; c'est pourquoi, aussi, elle est la première aux prises avec le problème des temps modernes. — Depuis quatre-vingts ans, elle y'épuise les efforts et le sang de ses générations!

Ce problème résolu, elle reprendra sa marche magnifique. Les autres nations la suivront; éloignées d'elle, toutefois, de toute cette crise dont nous serons sortis, et qu'il leur faudra traverser. Leurs épreuves, à coup sûr, seront abrégées par l'exemple des nôtres. Elles n'en suffiront pas moins pour que la France resaisisse et au-delà, le terrain perdu pendant ce long et douloureux enfantement.

II.

DU TEMPÉRAMENT POLITIQUE DES PEUPLES. — TOUS LES PEUPLES TENDENT A LA MÊME CONSTITUTION. — A CHACUN IL FAUT UNE CONSTITUTION QUI LUI SOIT PROPRE ET QUI CHANGE AVEC LE TEMPS.

Du jour où aucune domination étrangère ne pèse plus sur un peuple, et de ce jour seulement, il naît à la vie politique.

Que sa constitution à ce point de départ, ait été

choisie par lui ou imposée par la force des choses, elle ne tardera pas à se transformer, sous l'action de ses instincts de conservation et de progrès. La constitution plus large, qui en résultera, aidera à de nouveaux développements de ces mêmes instincts, qui, aussitôt développés, exigeront que la constitution se modifie encore; et toujours ainsi. Travail continu, qui engendre, pour chaque peuple, un état, perpétuellement variable, duquel découlent des mœurs et des besoins politiques spéciaux, et changeant d'heure en heure.

Cet état que nous appellerons le tempérament politique particulier d'un peuple, est le produit, on le voit, de deux influences agissant de concert, dont l'une, la constitution, au point de départ, s'épuise, sans jamais se renouveler; tandis que l'autre, les instincts humains, se renouvellent, sans jamais s'épuiser. Il n'est dès-lors pas douteux que les constitutions des peuples divers, seront, de jour en jour, plus indépendantes de leurs attaches originelles; et qu'elles porteront, de plus en plus, l'empreinte des instincts humains qui les auront modifiées.

Comme, d'ailleurs, l'homme s'est, à toutes les époques, et dans tous les pays, montré pareil à lui-même, et animé des mêmes instincts, on est en droit rigoureux de conclure, quoi qu'en ait pu dire Montesquieu, que les nations tendent toutes vers des constitutions identiques.

A l'heure actuelle, elles sont toutes en marche pour aller de l'état barbare d'où toutes sont parties, à l'état civilisé que toutes atteindront. Sur cette route, qui est longue, où les étapes sont nombreuses, il n'y en a pas deux qui en soient au même point. Aussi chacune a-t-elle son tempérament politique qui lui est propre. C'est pourquoi, aussi, il leur faut à toutes, et il leur faudra pendant longtemps encore, des législations qui diffèrent.

Ainsi, et comme application de ces considérations : en Russie, il y a vingt et quelques années, le tempérament politique était tel qu'il y fallait abolir le servage. L'absolutisme que les czars surent constituer à leur profit, permit à Alexandre II, le czar actuel, d'accomplir la réforme souhaitée, sans que la prospérité de l'empire ait été compromise. Il fut donc d'une excellente politique.

En France, à la même époque, le tempérament était tout différent. On y voulait l'augmentation du nombre des électeurs, pour mettre le gouvernement dans l'impossibilité d'accaparer les élections, et pour obtenir, par là, que le Parlement, c'est-à-dire la Loi, prît enfin le pas sur le Roi. Avec l'abaissement du cens et l'adjonction des capacités, c'était fait ; et tout se fût passé sans secousse, et aucun intérêt n'eût souffert. Le suffrage universel, au contraire, ébranla tout, n'améliora rien, et aboutit, en définitive, à l'absolutisme, qui était juste l'inverse de ce que le tempérament de la nation eût exigé.

Comme, d'ailleurs, l'absolutisme des czars répondait au tempérament russe du moment, il a, malgré la malheureuse guerre de Crimée, rendu la Russie grande et paisible ; tandis que l'absolutisme de Napoléon III, qui ne répondait pas à celui de la France, n'a amené que des désastres.

Ce tempérament politique, dont toute législation devra s'inspirer, étant, par sa nature même, essentiellement mobile, la mobilité sera la condition essentielle, obligée, fatale, des institutions et des constitutions humaines. C'est en vertu de cela, que la féodalité était à peine constituée, qu'elle commençait à décroître; que la royauté, petite d'abord, grandissait, devenait un instant colossale, et entrait presque aussitôt dans la période de décadence.

Sous les gouvernements représentatifs, tout découle de la loi électorale. Si elle est en harmonie avec les aspirations politiques du moment, il y a progrès et bonheur; sinon, il y a stagnation, souffrance, et, au bout d'un temps plus ou moins long, révolution. C'est elle, en résumé, qui est toute la constitution. Comme les autres constitutions, donc, les lois électorales devront être mobiles, changer avec le temps, s'adapter en un mot aux besoins. D'où cette conséquence que le suffrage universel, qui est un absolu, ne tenant aucun compte ni du temps, ni des besoins, est une loi électorale détestable. Nos malheurs de ces vingt dernières années, d'ailleurs, l'ont bien prouvé!

Tendre au suffrage universel, est la condition des gouvernements représentatifs, sans que l'heure doive jamais venir de sa mise en pratique complète. Les repris de justice, par exemple, seront, évidemment et toujours, repoussés du scrutin. Non pour ajouter à leur châtiment, mais en vue du salut social; et parce qu'on les suppose anti conservateurs.

Une bonne loi électorale n'admettrait au vote que les seuls citoyens, attachés, par leurs intérêts mêmes, à la politique de la conservation et du progrès. Il lui faudrait en outre une telle élasticité, que toutes les classes y fussent successivement appelées; mais seulement à l'heure où cette politique de la conservation et du progrès serait devenue la leur. Elle serait parfaite si ces élargissements du cadre électoral s'accomplissaient par le seul jeu des institutions, au fur et à mesure des besoins, sans que nul ait le pouvoir ni de les hâter, ni de les retarder.

Avec une pareille loi, et nous prouverons qu'il en peut exister une, le progrès serait continu; mais lent. Les intérêts qu'il aurait cessé de menacer, ne se coaliseraient plus contre lui. La nation marcherait, calme et heureuse, à l'accomplissement de ses destinées. Sous aucun roi, pourtant, on ne pourra en espérer la proclamation; par la raison qu'elle mènerait infailliblement à la république, république cette fois durable; et que les dynasties n'ont pas de ces abnégations.

Une telle loi, cependant, si on l'avait eue sous Louis-Philippe, eût donné, en 48, l'abaissement du cens que tous voulaient; mais pas la révolution! mais pas le suffrage universel! Et la France n'en serait pas où elle en est!

III.

LE SEUL DROIT EXISTANT POUR LES PEUPLES EST LE DROIT SOCIAL.—IL N'Y A PAS DE DROITS POLITIQUES.

Le suffrage universel a ses fanatiques.

Pour eux, de quelque côté que se soit porté, en 48, ou que se porte encore, le courant de l'opinion, le suffrage universel est un droit supérieur et sacré, une sorte d'arche sainte, devant laquelle il faudraît mourir, plutôt que d'y porter la main.

Mais, en politique, il n'y a, il ne saurait y avoir, aucun droit, pas plus supérieur qu'inférieur. Tout s'y réduit à des systèmes.

C'est, qu'on ne l'oublie donc pas, le seul instinct de l'homme pour la conservation et le progrès qui a formé les sociétés ; c'est par lui seul qu'elles ont vécu ; c'est lui seul qui les soutient encore.

De là, pour elles, un droit incontestable, incontesté, à la conservation d'abord, au progrès ensuite ; droit essentiellement, uniquement social, qui prime tout dans les institutions humaines, et ne permettrait pas qu'aucun droit politique prît place en face de lui.

Que l'on ne proclame donc plus ni droits ni articles de foi politiques ! Mais qu'avant de soutenir un système ou de le repousser, on se demande s'il servira ou s'il ne servira pas le droit social ; car c'est là, nous le répétons, le seul critérium de certitude politique.

Jadis la monarchie aidait au progrès autant qu'à la conservation du bien-être et des libertés. Aussi fut-elle, alors, de parfaite convenance politique ; et les dédains rétrospectifs des démocrates, n'empêcheront pas qu'elle n'ait été, durant plusieurs siècles, l'objet légitime du culte national. Les royalistes, toutefois, y chercheraient inutilement la source d'un droit monarchique ; car, du jour où la monarchie fut devenue impuissante à accomplir le progrès social, elle cessa d'être le meilleur système, et elle dut légitimement sombrer.

Comme système, puisqu'en politique il n'y a que cela, est-ce que le suffrage universel peut être défendu ?

Il nous a donné, en fait de libertés : vingt ans de tyrannie; en fait de bien-être : la guerre étrangère, la défaite, le démembrement, la ruine; et, au bout de cela, une guerre civile terrible; d'autant plus terrible que, vaincue, elle se rallumera infailliblement, si le suffrage universel est maintenu. Quand, en effet, aux royalistes, de plus en plus accentués, des campagnes, les villes auront opposé des démocrates, de plus en plus fougueux; que tous, se seront accusés, outragés, menacés; il faudra bien, tôt ou tard, en venir au combat !

Comme remède, les démocrates proposeraient le vote au chef-lieu d'arrondissement et par scrutin de liste, qui· confisquerait, ils l'espèrent, le suffrage des campagnes au profit de celui des ouvriers des villes; en d'autres termes, la Sociale serait imposée à la France, qui n'en veut pas; remède, s'il devait réussir, qui serait pire que le mal.—Les royalistes, auraient recours à l'élection d'un seul député par collége, qui, si les circonscriptions électorales étaient faites habilement, noierait, ils le croient, le suffrage des villes dans celui des campagnes; d'où, la réaction à perpétuité; dont la France ne voudrait pas non plus. — D'autres proposent le vote à deux degrés, qui n'améliorerait pourtant rien ; car, aujourd'hui, ceux qui votent, votent toujours sur le conseil de quelque meneur, soit d'un bord, soit de l'autre; ces mêmes meneurs seraient choisis pour délégués; la chambre qu'ils éliraient différerait donc peu de celle que le vote direct eût produite. D'autres enfin, c'est la solution la plus récente, nous guériraient, tout net, par le fédéralisme. Mais quand on aurait fractionné la France en petits États, la difficulté ne serait que déplacée. A chacun,

il faudrait bien toujours un parlement. S'il était élu
par le suffrage universel, ce serait partout les hasards,
les désordres, dont nous souffrons ; si ce doit être par
une loi meilleure, qu'on l'applique donc tout de suite
à la France !

On invoque l'exemple de la Suisse, celui de l'Amérique. Mais les États qui se sont groupés pour former
ces nations, pour former la Suisse notamment, avaient
leurs aspirations propres, leurs penchants ; aucun
d'eux assurément n'eût consenti à en faire le sacrifice
total à une patrie commune, qui n'était encore, au début, qu'un espoir, qu'un projet de patrie ! Pour eux, dès
lors, point d'autre lien national possible que le fédéralisme ; point de constitution acceptable, à moins
qu'elle ne respectât l'indépendance et l'autonomie de
chacun. Ce n'est pas une raison, alors qu'une nation
est unie de tempérament, de mœurs, de besoins,
comme l'est notre France, pour qu'il y ait progrès, à
venir, de gaieté de cœur, la morceler.

Qu'il faille fortifier nos institutions municipales,
augmenter les attributions de nos conseils généraux, modifier notre organisation préfectorale, c'est
évident ! Mais pourquoi le fédéralisme américain ? A
coup sûr, il ne nous donnerait pas le sol fertile et
encore si peu peuplé de l'Amérique ; il ne nous débar-
rasserait pas non plus de nos vieux partis ; par contre,
les haines, les passions locales renaîtraient. Dans le Midi
les catholiques chasseraient les protestants, les mas-
sacreraient peut-être ; en Bretagne, on proclamerait la
monarchie de droit divin, ailleurs la république sociale.

Les forces fédérales, assurément, y mettraient bon
ordre ; ce n'en serait pas moins la guerre civile en
permanence.

Si douloureuse, si cruelle que soit notre situation, elle est trop dans la logique des faits, pour qu'il y ait à courir de telles aventures. Quand il fallait à la France l'abaissement du cens, le suffrage universel lui a été imposé; depuis ce moment, elle est en convulsions. Qu'on la débarrasse du suffrage universel, et qu'on lui donne l'abaissement du cens! Si, après cela. ses convulsions continuent, il sera temps de se désespérer et de consulter les oracles.

Les Américains et les Suisses, puisqu'on les cite, n'ont pas, quand ils se sont mis en république, commis la faute de supprimer chez eux le cens électoral. Avant de se risquer au suffrage universel, ils ont attendu qu'une longue pratique de la forme républicaine, les y eût préparés. Nous pouvions tout au moins imiter leur prudence; l'existence de nos vieux partis nous la rendait cent fois plus nécessaire qu'à eux. Nos révolutionnaires l'ont dédaignée.

Le bon sens politique des Américains s'est affirmé, avec plus d'évidence encore, dans le préambule de leur constitution fédérale. On y lit « que les peuples ont » droit au bonheur; que la politique a mission de le » leur procurer; que lorsqu'elle n'y parvient pas, c'est » la preuve qu'elle est mauvaise et qu'il faut en chan- » ger. »

En d'autres termes : qu'il n'y a pour les nations qu'un droit: le droit social; et qu'à chaque époque, le système qui, mieux que tous, servira ce droit social, constituera seul le droit politique. Maxime vraie, surtout pratique! Il faudra bien, tôt ou tard, que les Français l'adoptent!

Le suffrage universel, pour raisonner à l'américaine, nous a-t-il donné le bonheur? Non! Alors, qu'il disparaisse! Quand il fut proclamé, ce n'était pas ce qu'il fallait, tous le savaient. On espérait toutefois. On comptait sur le temps qui arrange toutes choses.

Les illusions, maintenant sont dissipées!

Que l'on ne se retranche pas sur ce que, depuis 1848, l'esprit public aurait marché! sur ce que des besoins nouveaux se seraient produits! Ce qui grandit dans les époques troublées, ce sont les haines; pas les idées; pas les besoins, qui ne se développent, qui ne se généralisent surtout, que dans les temps de calme.

Si donc l'on veut sérieusement réorganiser la France, c'est à ses aspirations d'avant 48 qu'il en faut revenir. Ses besoins d'aujourd'hui ne sont pas autres que ses besoins d'alors; rien de plus, rien de moins!

Que l'on ne dise pas, avec les timides, que le suffrage universel existant, il faut s'y résigner; que c'est un mal nécessaire, que l'on risquerait trop à tenter de s'en affranchir! Quand une maladie est sûrement mortelle, recule-t-on devant les remèdes, même héroïques?

Bonne, la loi électorale, nous eût unis, nous eût fusionnés; tous ensemble, nous irions à la démocratie, lentement; mais sûrement! Mauvaise, elle nous passionnera chaque jour davantage. A notre horrible guerre civile, des guerres civiles plus horribles succéderont. La France entière, si l'on ne réagit, disparaîtra dans le feu et le sang!

Courage donc! Brisons la loi qui nous perd! L'heure est encore propice! Plus tard, il serait trop tard!

IV.

LES CLASSES SUPÉRIEURES ET LES CLASSES INFÉRIEURES
SONT IMPROPRES AU GOUVERNEMENT. — LA CLASSE
INTERMÉDIAIRE, SEULE, Y EST APTE.

Les hommes des classes supérieures, vivent au milieu de préoccupations intéressées de toutes sortes, qui leur font voir et juger toutes choses à un point de vue exclusivement personnel. Pour eux, la politique se bornera toujours à la défense de ce qu'ils appellent leurs droits. Nous ne songeons pas à leur en faire un crime, ni même à le leur reprocher. Ils sont convaincus qu'au moindre trouble apporté à leurs jouissances, le pays serait en danger.

Un roi absolu, des privilégiés autour de lui, la nation au-dessous; voilà leur idéal.

Mais le réaliser serait impossible aujourd'hui! Ils le sentent; et s'acharnent à rétablir, tout au moins, l'hérédité monarchique.

C'est par amour de l'ordre, disent-ils. A cet égard, on sait ce qu'il faut croire. De Louis le Débonnaire à Louis XIV, ce qui comprend plus de huit siècles, la royauté menaçait leurs priviléges, et ils l'ont bel et bien combattue; ce qui ne l'a pas, il est vrai, arrêtée dans sa marche. Depuis, elle s'est prononcée en leur faveur, et, tout naturellement, ils la soutiennent: ce qui n'a pas empêché les trônes d'être. l'un après l'autre, tous brisés.

N'importe! Il faut éviter à tout prix qu'ils se saisissent du pouvoir. Un antagonisme aujourd'hui entre une classe et le pays, ramènerait un 93, plus horrible cent fois que l'ancien. Ce qui vient de se passer à Paris ne le montre que trop.

Pas plus que les classes supérieures, les classes inférieures ne doivent gouverner. Elles ont grandi dans les privations de toutes sortes. Cette éducation douloureuse leur donne, pour la satisfaction des besoins matériels, une ardeur bien concevable, qui pourtant s'oppose à ce qu'elles soient admises à la vie politique : au souvenir de leurs souffrances, elles voudraient tout réformer, et leur inexpérience les empêcherait de mener à bien l'œuvre difficile d'une régénération sociale.

Les sociétés d'ailleurs sont à améliorer; mais pas à régénérer. Liberté! égalité! fraternité! n'est qu'une devise symbolique, qui résume les tendances de l'humanité. Rien de plus!

Proclamer la liberté absolue, avant l'heure, n'engendrera que la licence.

Proclamer l'égalité, n'empêchera pas que nous ne différions, ne serait-ce que par le savoir, par les aptitudes, par la moralité, tout au moins.

Proclamer la fraternité, ne nous donnera pas des sentiments de frère.

Impuissante à nous doter, par décret, de la liberté, de l'égalité, de la fraternité, la politique doit nous y acheminer, par des réformes sages et surtout pratiques. Les classes inférieures y sont, à cause de cela, radicalement impropres.

Qu'il s'agisse, au lendemain d'une révolution, de

nommer des représentants, elles s'adresseront tout
d'abord, comme elles l'ont fait en 1848, aux démocrates
les plus exaltés. La hardiesse, la violence de leurs élus,
porteront leurs fruits habituels : les classes supérieures et leurs capitaux, prendront l'alarme ; les
classes intermédiaires, feront comme elles. Les chômages viendront, puis la misère.

Le peuple, désillusionné bientôt, abandonnera ses
flatteurs de la veille, pour se laisser, hélas! entraîner
par d'autres flatteurs! quand le cours des événements
le ramènera à l'urne électorale, c'est aux royalistes
qu'il livrera le pouvoir!

Ceux-ci, comme toujours, voudront nous ramener
aux institutions du passé, on les renversera ; mais ce
sera au bénéfice de ceux-là mêmes qu'ils avaient rem -
placés.

Les classes déshéritées, tant qu'il y en aura, seront,
fatalement, dominées par l'espérance d'abord, par la
déception ensuite; pour revenir à l'espérance et retom-
ber dans la déception. Elles éliront donc des chambres,
passionnées alternativement dans un sens et dans
l'autre. Le progrès exigerait pourtant, que les chambres qui se succéderont, marchassent, toutes et toujours, dans une même voie.

Entre les classes supérieures et les classes inférieures, se trouvent les classes intermédiaires, qui,
sont, elles, douées d'aptitudes politiques merveil-
leuses.

Leur ambition, d'une part, les porte à disputer, sans
relâche, aux classes supérieures, leurs priviléges quels
qu'ils soient : apparents ou cachés; d'autre part, la
prospérité générale leur est indispensable, autant
pour les maintenir là où elles sont, que pour les

pousser aux sommets où elles aspirent; pas un instant elles ne la perdront de vue; de leur part, ni témérité ni folie ne sont à redouter. Elles sont donc, et forcément, progressistes ; mais pas jusqu'à compromettre les intérêts conservateurs; conservatrices, mais pas jusqu'à paralyser le progrès.

Et quand les classes supérieures n'auraient en vue que la conservation; les classes inférieures, le progrès d'abord, la réaction ensuite; systèmes tous trop incomplets pour être stables; quand, au contraire, les classes intermédiaires sont, par leur nature même, rivées à cette politique de la conservation et du progrès, qui est la politique obligée des nations; on est bien forcé de conclure que les classes inférieures sont, aussi bien que les classes supérieures, impropres au gouvernement; et que la classe intermédiaire seule y est apte. Théorie d'ailleurs que l'histoire confirme pleinement!

Pendant des siècles, notre classe intermédiaire, c'était alors la bourgeoisie, a tout modifié, tout régi dans notre politique.

Née spontanément aux dixième et onzième siècles, par la seule force de ses instincts, sans aide aucune, sa puissance, en 1302, était déjà telle, que Philippe IV, sur le point d'entrer en lutte contre la papauté, dut se préoccuper avant tout de ce qu'en pensaient les bourgeois. Il convoqua des états généraux, ce furent les premiers.

Introduite une fois dans les conseils de la nation, la bourgeoisie y resta. Son rôle y fut immense. C'est grâce à elle que Louis XI put déchirer les traités de Conflans et de Péronne, que la féodalité triomphante lui avait imposés; ce fut également elle qui s'opposa

aux malheureux traités de Blois, arrachés à Louis XII,
par la reine Anne de Bretagne; elle, qui empêcha la
réalisation de ce traité de Madrid, ou François Ier,
prisonnier de Charles Quint, livrait la Bourgogne en
échange de sa liberté; ce fut elle, encore, qui, lorsque
la Ligue finissait, ferma le chemin du trône à Philippe II, l'ultramontain, le sanguinaire, l'Espagnol; et
fit Henri IV, roi de France. Enfin, sous Louis XIII,
elle fit entendre aux états généraux de 1614, des
vœux qui furent méconnus pendant cent soixante-
quinze années. Elle les renouvela en 1789. Mais, cette
fois, pour les imposer.

Depuis son apparition, jusqu'à son triomphe, elle
n'avait eu qu'un intérêt, qu'un but : la ruine de la féodalité. Ce fut également et pendant des siècles l'intérêt et le but des rois. Les rois, alors, marchèrent à pas
de géants, écrasant tous les obstacles, tant est grande
la force des gouvernements que les classes intermédiaires soutiennent. Aussitôt qu'ils désertèrent cette
vieille alliance, le trône fut brisé.

La bourgeoisie seule resta debout. Autour d'elle, tout
était ruines : ni la féodalité, ni la noblesse, ni la monarchie ne la dominaient plus ; elle devenait, et pour toujours, la classe supérieure. Mais, en changeant de situation, elle changea forcément d'aspirations, et aussi
d'aptitudes politiques : de conservatrice et progressiste qu'elle était jadis, elle ne fut plus qu'étroitement
conservatrice, c'est-à-dire réactionnaire ; impropre,
par conséquent, à gouverner. A ses côtés, c'était iné-
vitable, une autre classe intermédiaire allait surgir,
sur laquelle il fallait, sous peine d'instabilité, que la
politique pivotât désormais. On ne le comprit pas !

Des monarchies se reconstituèrent qui s'appuyèrent

sur la bourgeoisie; toutes aboutirent à la Révolution, écueil fatal du gouvernement des classes supérieures, quelles qu'elles soient: noblesse ou bourgeoisie. Des républiques surgirent qui, dès le début, proclamèrent le suffrage universel; elles échouèrent aussitôt dans la réaction, fin obligée de tout gouvernement qui s'appuyera sur les classes inférieures.

En définitive, les gouvernements de la France, ont été respectés et puissants, de 987 à 1789; et toujours renversés, depuis. En outre, pendant la longue période de la stabilité, les rois qui étaient à eux seuls tout le gouvernement, ne marchèrent, n'agirent, ne combattirent, que dans la voie où les classes intermédiaires les eussent elles-mêmes lancés; la force des choses les y obligea. Si bien que, sous leur absolutisme apparent, ils ne furent en réalité que les lieutenants de la classe intermédiaire. — C'est uniquement à cela qu'ils durent d'être inébranlables.

Que nos gouvernements donc, soient constitués comme ils l'étaient alors : en lieutenants de la classe intermédiaire! La stabilité qu'on cherche, reviendra!

Elle ne sera pourtant complète que lorsqu'une plus sage organisation des fontions publiques, aura supprimé l'omnipotence actuelle de nos ministres et ses abus.

V.

L'AUTORITÉ DES MINISTRES SUR LES FONCTIONS PUBLIQUES ET SUR LES FONCTIONNAIRES, DOIT DISPARAITRE DE NOS INSTITUTIONS.

On compte en France plus de cinq cent mille fonctionnaires et employés civils. Ils sont dans la dépendance absolue du pouvoir exécutif, qui les nomme, les révoque, les avance, etc., etc. Cette organisation nous vient d'avant 1789. Elle était légitime sous la monarchie de droit divin ; quand l'alliance, entre le pays et son gouvernement, semblait devoir être éternelle. L'unité, la force administrative, y gagnaient. On l'a conservée aujourd'hui, croyant, mais bien à tort, qu'elle donnerait, à nos Gouvernements, un peu de cette stabilité qui leur manque.

Les hommes en place viennent bien, il est vrai, prendre assidûment, et en tout, le mot d'ordre de la préfecture ; mais ils l'ont fait sous tous les régimes, sans s'être, pour cela, dévoués à aucuns. Quand la fortune a hésité, ils ont hésité ; quand elle a tourné, ils ont tourné. En 1848, on les a vus faire étalage de royalisme jusqu'au 24 février, et de républicanisme ensuite ; en décembre, la même année, ils furent tous fanatiques de Cavaignac jusqu'au 10 du mois, puis de Louis-Napoléon. Quelques-uns, plus habiles, surent être républicains le 23 février ; bonapartistes le 9 décembre.

Certes, la versatilité est légitime, quand une législation mauvaise l'impose à l'employé, sous peine de lui ravir un emploi, fruit de ses labeurs et gagne pain de sa famille! Les gouvernements, toutefois, n'en sont pas rendus plus stables. Le vide, le gouffre, qui se creuse autour d'eux, à l'heure des révolutions, en est même augmenté; car tous savent que ceux qui auraient, pendant la lutte, soutenu le vaincu, seraient impitoyablement brisés par le vainqueur.

Notre organisation des fonctions publiques a encore le tort, celui-là plus désastreux, d'offrir un appât permanent à toutes les ambitions. C'est en elle qu'espèrent ces innombrables révolutionnaires de parti pris, ennemis du gouvernement, quel qu'il soit, qui affichent un royalisme ardent sous la république, et un républicanisme fougueux sous la monarchie.

Les plus redoutables d'entre eux, les chefs, se recrutent parmi ces jeunes gens des classes moyennes qui ont concouru pour les carrières de l'État, et ne les ont pas obtenues. Au retour dans la famille, leur insuccès les humilie, ils s'irritent des reproches qu'on leur fait. Mécontents alors, de tout, de tous, d'eux-mêmes, ils prennent le foyer domestique en dégoût, en mépris; et se réfugient dans les cafés ou dans les cercles. Les meneurs aussitôt les entourent, attisent leurs colères, exaltent leurs ressentiments, promettent enfin des emplois s'ils triomphent. — Et le pacte se conclut.

Une fois enrôlés, ils poursuivront jusqu'à la mort, leur misérable espoir. Et il y a plus de cinq cent mille emplois civils! A deux postulants par emploi, et certes il y en a davantage, cela fait un million de ces

hommes, sans convictions ni scrupules, qui ne rêvent
que bouleversements et désastres!

Tout le temps donc que l'omnipotence malsaine de
nos ministres durera, nous serons voués, quand même,
à l'instabilité. Que les concours, au contraire, donnent
seuls les emplois, que le droit remplace partout la faveur, que la révolution en un mot n'ait plus rien à
offrir, les défections dans ses rangs auront lieu par
cent mille. Elle cessera, en tous cas, d'être, comme
aujourd'hui, la carrière presque obligée de tous ceux
qui n'ont pas su s'en faire une autre.

Nous voudrions (3ᵉ partie, *organisation administrative*) que deux voies seulement, donnassent accès aux emplois administratifs : de 16 ans à 20 ans,
celle des écoles spéciales; de 16 ans à 24, celle des
concours locaux; et que nul, passé 24 ans, ne pût
obtenir de fonctions publiques, autres que celles élec-
tives.

Pour celui qui n'aurait pas pu arriver aux écoles,
le retour au pays serait bien toujours un moment difficile; mais les concours locaux lui resteraient. Lui et les
siens auraient, là, une espérance à poursuivre en commun ; ce serait, entre eux, comme un pont de sympa-
thie, au travers duquel les liens de famille se renoue-
raient, se resserreraient; tandis que c'est aujourd'hui,
le moment où ils se brisent.

Tout en préparant ses examens, le jeune homme
assisterait aux travaux des siens. Insensiblement, il
y prendrait goût; et, bien des fois, sans attendre même
la fin des épreuves, il demanderait à s'y associer;
unissant ainsi ses efforts plus intelligents, aux leurs
plus expérimentés, ce qui élèverait leur niveau à tous.
S'il allait, au contraire, jusqu'au bout et qu'il échouât,

son ressentiment ne saurait être ni persistant, ni surtout dangereux; car, en définitive, tous sauraient que
s'il n'a que la position dont il se plaint, c'est qu'il n'a
pas su en mériter une meilleure.

Mais, nous dira-t-on : quoi qu'on fasse, quelque
sages que soient nos lois, les conspirateurs n'en feront
pas moins des promesses à ceux qu'ils voudront entraîner; par suite, en limitant l'action des ministres,
on affaiblirait le pouvoir, sans, pour cela, désarmer la
révolte.

Cette inquiétude ne serait heureusement pas fon-
dée. L'intérêt individuel est meilleur logicien qu'on
ne croit. Si les lois, le concours, le mérite, faisaient
seuls les employés, la jeunesse ne tendrait plus
l'oreille aux ambitieux. On peut bien nourrir l'espérance d'arracher, après une révolution, leurs fonctions,
à ceux qu'avait investis la faveur; mais nul ne cons-
pira jamais, pour dépouiller, à son profit, un employé
fils de ses œuvres.—La fonction obtenue après des
épreuves définies par la loi, et que des concurrents
ont disputée, est une propriété légitime. Sa violation
à la suite d'un bouleversement, soulèverait l'indigna-
tion publique.

Et puisque l'absolutisme ministériel n'a plus d'effet
utile, qu'il désunit les familles, que c'est par lui que
l'armée de la révolution se recrute; qu'il soit donc
supprimé !

NI MONARCHIE, NI DÉMOCRATIE

TROISIÈME PARTIE

INDICATION D'UNE SOLUTION DU PROBLÈME

I.

DÉFINITION DES EXPRESSIONS : CLASSES SUPÉRIEURES, — CLASSES INTERMÉDIAIRES, — CLASSES INFÉRIEURES.

La classe supérieure est celle qui, n'en ayant pas au-dessus d'elle, possède des droits au pouvoir, ou des moyens d'y arriver, que les autres n'ont pas; tels que la pairie héréditaire, le cens électoral, etc. Ceux qui, sans faire partie de la classe supérieure, en sont plus ou moins rapprochés, forment la classe intermédiaire; les autres forment la classe inférieure.

Avant 1848, par exemple, la classe supérieure était composée des deux cent mille électeurs, qui payaient 200 fr. de cens, et élisaient seuls les députés. A ceux payant 199 fr. 99 c., commençait la classe intermédiaire.

Une nation où nul privilége de naissance, nobiliaire ou autre, n'est admis, aurait pourtant : classe supérieure, classe intermédiaire et classe inférieure, si sa Constitution conférait des pouvoirs politiques déterminés, aux citoyens payant un cens ; des pouvoirs moindres, à ceux payant un cens moins élevé ; et point de pouvoirs au reste de la nation.

Cela dit, entrons en matière.

II.

RAPPEL DES PRINCIPES CONDUISANT A LA SOLUTION.

Il a été établi :

Que la politique pour être stable, devait être, à la fois, conservatrice et progressiste.

Que, depuis 1789, le progrès avait eu, en France, pour formule obligée : la loi, de plus en plus, souveraine ; les pouvoirs des gouvernants, de plus en plus, réduits ; que les rois, par suite, étaient devenus ses ennemis ; que la monarchie donc ne pouvait plus, à l'époque actuelle, être conservatrice et progressiste ; qu'elle avait cessé à cause de cela, d'être viable, ou du moins de pouvoir être stable. — D'où cette conséquence, que la République sera désormais la forme obligée du gouvernement de la France.

Que les classes intermédiaires seules sont aptes au gouvernement.

Que les rois de la grande race, sous leur absolutisme apparent, ne furent, pendant des siècles, que les lieutenants de la classe intermédiaire; et qu'alors ils furent inébranlables.

Que depuis 1789, ils se sont faits les chefs de la classe supérieure; et que, tous, ils ont été renversés.

Que, c'est donc en lieutenants de la classe intermédiaire, qu'il faudra organiser notre gouvernement républicain, si nous voulons qu'il soit fort et stable.

Que, pour les sociétés, le seul droit existant est le droit à la conservation et au progrès, qu'il est uniquement social; qu'à chaque époque, le système politique qui donnera le mieux satisfaction à ce droit social, constituera seul le droit politique.

Que le suffrage universel a été imposé à la France et non voulu par elle; qu'il ne lui a donné ni la conservation, ni le progrès; qu'il la perd.

Que les lois des peuples doivent répondre à leur tempérament politique; que le tempérament politique est stationnaire dans les temps troublés; que le nôtre, par conséquent, est ce qu'il était avant février 1848; que ce qui nous était nécessaire alors nous suffirait aujourd'hui; qu'il faut donc en revenir à l'abaissement du cens et à l'adjonction des capacités.

Que la nouvelle loi électorale devra être telle, que les abaissements du cens, aussitôt qu'ils seront devenus nécessaires, s'accomplissent d'eux-mêmes, par le seul jeu des institutions, et automatiquement.

Que l'omnipotence actuelle des ministres sur les fonctionnaires, autant ceux à nommer que ceux en place, est une cause de dissolution sociale, et qu'il faut qu'elle cesse.

III.

SOLUTION PROPOSÉE.

De ce qui précède, la législation politique tout entière se déduit.

La forme du gouvernement sera la République.

La constitution comportera :

1° Une organisation gouvernementale basée sur les principes qui viennent d'être rappelés;

2° Une organisation administrative, mettant fonctionnaires et fonctions, en dehors et à l'abri de l'omnipotence des ministres.

1° Organisation gouvernementale.

Pour que la capacité intellectuelle et le cens électoral, soient les conditions d'admission à la vie politique; pour que la classe gouvernante ne légifère que sous le contrôle de la classe intermédiaire, et en vue uniquement de ses besoins; pour que les réformes politiques, s'accomplissent par le seul jeu des institutions et automatiquement: pour, en outre, que le chef du Pouvoir exécutif ne puisse ni entraver le progrès, ni usurper; il suffira :

Qu'une échelle descendante du cens soit fixée, comme la formeraient, par exemple, les chiffres : 100, 65, 40, 20, 15, 11, 8, 6, chiffres qui seraient tels que le premier 100, étant une fois adopté, les autres s'en déduisissent par cette règle : qu'au second chiffre, il répondît deux fois plus de censitaires qu'au premier; au troisième, deux fois plus qu'au second; et ainsi de suite;

Que lorsque les électeurs d'un degré éliront la chambre, les électeurs du degré au-dessous élisent les conseils généraux. De telle sorte que si le cens, pour les députés, était 100 fr., celui pour les conseillers fût 65 fr.; et que lorsque, par suite d'un abaissement du cens, les députés seraient nommés par les censitaires à 65 fr., les conseillers généraux le fussent par ceux à 40 fr., et toujours ainsi;

Que les conseils municipaux soient nommés par les censitaires qui nomment les conseils généraux (1), avec certaines modifications (voir art. 4 de la Constitution qui fait suite) nécessaires, pour qu'il y ait toujours un nombre suffisant d'électeurs, même dans les communes pauvres ;

Que chaque année, trois mois avant la fin de la session de la Chambre, les conseils généraux aient à répondre à cette question : le cens électoral sera-t-il maintenu ou abaissé d'un degré?

Que lorsque la majorité des conseils généraux se

____

(1) Peut-être vaudrait-il mieux que les conseils municipaux fussent nommés par des censitaires d'un degré au-dessous. C'est un point sur lequel nous sommes indécis.

sera prononcée pour l'abaissement, et par le seul fait
de ce vote, des élections nouvelles aient lieu, dans
lesquelles ce seront les anciens électeurs des conseils
généraux qui nommeront les députés; et les censitaires au-dessous, qui, devenant à leur tour électeurs,
nommeront les conseils généraux;

Qu'en vue de changements à la Constitution, qui
pourraient devenir nécessaires, chaque nouvelle Assemblée législative ait, dans les trois mois de sa réunion, à répondre à la question : la Constitution
sera-t-elle oui ou non revisée?

Qu'en cas de vote affirmatif, l'Assemblée constituante à élire, soit nommée par les électeurs des
Conseils généraux;

Que, pour se mettre en garde contre les coups d'autorité du pouvoir, les députés soient nommés pour un
nombre d'années déterminées, quatre par exemple; et
qu'aucune Assemblée ne puisse être dissoute, si ce
n'est par le vote des conseils généraux abaissant
le cens; vote d'ailleurs qui entraînerait, de droit, la
dissolution à la fin de la session, et de la Chambre et
des Conseils généraux;

Que le chef du Pouvoir exécutif soit nommé par la
Chambre; que la durée de ses pouvoirs soit limitée à
un an.

Ces conditions, qui toutes sont nécessaires, pourraient être sanctionnées par une Constitution établie
sur les bases suivantes :

Bases de la Constitution.

Art. 1er. — Le cens électoral et la capacité intellectuelle désigneront seuls les électeurs. Il y aura deux classes de censitaires : la première, élisant les députés; la deuxième, élisant les Conseils généraux.

Art. 2. — La quotité du cens applicable à l'élection de la première assemblée, sera fixée par la Constitution, ainsi que l'échelle d'abaissement du cens. Laquelle sera telle que le nombre des électeurs d'un degré, soit le double, au moins, du nombre de ceux du degré supérieur.

Art. 3. — Quand les censitaires d'un degré éliront les députés, les censitaires du degré immédiatement au-dessous, éliront les conseillers généraux.

Art. 4. — Les conseils municipaux seront élus par la même classe de censitaires que les conseils généraux. Toutefois, le nombre des électeurs des conseils municipaux devra être, dans toutes les communes, vis-à-vis du nombre des citoyens majeurs, dans la proportion, dans laquelle le nombre total des électeurs pour tous les conseils généraux de la France, est, par rapport au nombre total des Français majeurs. Ainsi, les électeurs de tous les conseils généraux, formant, à un moment donné, le dixième, par exemple, du nombre total des citoyens français majeurs, on compléterait, dans les communes où cela serait nécessaire, la liste des électeurs, par l'adjonction des plus imposés, de façon à porter, partout, cette liste au dixième des citoyens majeurs de la commune.

Dans les communes où le nombre des électeurs des conseils généraux, dépasserait la proportion définie dans le paragraphe précédent, on ne ferait subir aucune réduction aux listes pour les élections municipales.

ART 5. — Sont électeurs à tous les degrés, les bacheliers ès-lettres, les officiers de tous grades, les anciens élèves des écoles polytechnique et de Saint-Cyr, les diplômés des diverses écoles d'arts-et-métiers.

ART. 6. — Chaque année, dans les trois mois qui précéderont la fin de la session législative, les conseils généraux auront à voter sur la question : le cens électoral sera-t-il, oui ou non, abaissé d'un degré ?

ART. 7. — En cas de vote affirmatif, l'abaissement aura lieu. Des élections générales suivront immédiatement.

ART. 8. — Chaque Chambre nouvellement nommée, votera, dans les trois mois de sa réunion, sur la question : la Constitution sera-t-elle, oui ou non, révisée ?

ATT. 9. — En cas de vote affirmatif, une constituante sera immédiatement nommée.

ART. 10. — Les électeurs pour la Constituante seront les mêmes que pour les conseils généraux.

ART. 11. — Le chef du pouvoir exécutif est nommé par la Chambre. Ses pouvoirs sont annuels.

Sous une pareille Constitution, le progrès serait incessant; mais pacifique. Il est aisé de s'en rendre compte.

Soit l'échelle du cens établie comme il a été dit plus haut : 100, 65, 40, 20, 15, 11, 8, 6 fr.; on en est au début. Les censitaires à 100 fr. élisent les députés, ceux à 65 fr. les conseillers généraux. Supposons qu'une chambre trop conservatrice, n'accomplisse pas les réformes· souhaitées. Il y aura mécontentement; les électeurs à 65 fr., en leur qualité de classe intermédiaire, l'éprouveront plus que d'autres.

A la fin de l'année, les conseillers généraux auront à se prononcer (Art. 6 des bases de la Constitution) sur le maintien ou l'abaissement du cens. Alors : ou bien, obéissant à l'opinion publique, ils voteront l'abaissement, et la chambre disparaîtra pour faire place à une assemblée plus dans le mouvement; ou bien, lui résistant, ils s'obstineront à maintenir le cens à son niveau. Mais, dans ce cas, ils ne seront pas re-nommés; et ceux qui les remplaceront, votant l'abaissement voulu, le progrès reprendra sa marche.

Supposons encore, bien qu'avec cette Constitution, cela semble impossible, qu'une assemblée législative soit tout à fait réactionnaire, et hostile aux besoins et aux vœux du moment (le cens pour les députés est toujours supposé à 100 fr.). Les conseils généraux, bon gré mal gré, ainsi qu'il vient d'être dit, voteraient l'abaissement du cens. Des élections générales auraient lieu. Nommée par les électeurs à 65 fr., la nouvelle assemblée serait infailliblement dans le mouvement. A peine réunie (Art. 8 des bases de la Constitution) elle demanderait une constituante. Cette constituante serait (Art. 10) nommée par les électeurs des conseillers généraux, qui, à ce moment, seraient ceux à 40 fr.

Ainsi, un simple mécontentement de l'opinion amènerait un abaissement de cens d'un degré; un mécontentement grave, de deux degrés. — Ce qui suffirait, à coup sûr; et s'accomplirait par le seul jeu des institutions, sans que personne eût à intervenir, sans qu'aucun bouleversement fût à craindre.

Si l'on nous objectait, que, dès la première année, les Conseils généraux, mûs par la pensée de se rapprocher de la députation, voteront l'abaissement du cens; que leurs successeurs les imiteront; et qu'au bout de fort peu de temps, c'est le suffrage universel que l'on aura; nous répondrions, que les conseillers généraux, étant beaucoup plus nombreux que les députés, l'abaissement du cens enlèverait, à la plupart d'entre eux, leur fauteuil au conseil, sans leur en rendre un à la Chambre; et qu'ils ne l'ignoreraient pas. Le *statu quo*, de leur part, serait bien plus à redouter. Ils ne s'y cramponneront cependant pas, par peur de n'être pas réélus.

Il n'est pas à craindre, non plus, que les électeurs des conseils généraux, pour devenir électeurs des députés, n'exigent, desdits conseils, l'abaissement du cens; car ils sauraient qu'un nouvel abaissement, les aurait bientôt noyés dans un flot d'électeurs où ils disparaîtraient. Le goût de voter d'ailleurs n'est pas répandu; les abstentions si nombreuses qu'on remarque en font foi. Que les lois soient faites selon nos goûts et nos besoins, nous nous soucierons peu de qui aura nommé les législateurs!

Quant à la chambre, qu'elle soit composée, ou non, de conservateurs exagérés, elle n'en aura, ni plus ni moins, une attitude politique parfaite, désireuse qu'elle sera, d'éviter, à tout prix, qu'un mécontentement de l'opinion n'abaisse le cens, ce qui la destituerait; ou n'exige l'appel d'une constituante, ce qui remettrait tout en question. Et puis, la Constitution, proposée, en s'opposant aux réformes brutales, tranquilliserait les classes hautes. Nul doute alors qu'elles ne s'abandonnassent au penchant naturel qui les pousse, de même que tous, vers les améliorations sociales.

Servi, à la fois, par l'égoïsme et par la générosité des législateurs, le progrès social aurait une marche rapide. Quant au progrès politique, cessant d'être une menace, il deviendrait le complément, indispensable, il est vrai ; mais pacifique et lent, du progrès social.

Si cependant les fonctions publiques devaient rester entre les mains des ministres, tôt ou tard, la vénalité s'en mêlant, notre Constitution se corromprait. D'où cette conclusion, qu'il y a, à réformer l'administration, la même urgence qu'à réformer la politique.

2° — Organisation administrative.

Le recrutement des fonctionnaires devra, la stabilité gouvernementale l'exige, se faire en dehors de l'action des ministres, et dans des limites d'âge déterminées. Il sera bon également que les avancements aient lieu, sans que les ministres s'en mêlent ; mais c'est moins important.

Admission aux emplois.

Art. 1er. — Deux voies seront ouvertes pour arriver aux emplois : les écoles spéciales donneront accès aux degrés supérieurs, à l'état-major, si l'on peut dire ainsi, de la hiérarchie administrative ; il sera pourvu aux degrés inférieurs, aux surnumérariats des divers services, par la voie d'examens passés dans les localités.

ART. 2. — Des lois spéciales fixeront, pour chaque carrière, les moyens de passer des degrés inférieurs, aux degrés supérieurs.

ART. 3. — La réception aux écoles spéciales, sera réglée par le concours, comme cela a lieu actuellement.

ART. 4. — Les membres du jury d'admission pour les écoles spéciales, choisis chacun sur une liste de trois noms présentés par l'Institut, seront nommés par le Conseil d'Etat, qui lui-même sera nommé par la Chambre. Si le Conseil d'Etat n'était pas maintenu, une commission de la Chambre, ou le conseil des ministres, ferait ces nominations.

ART. 5. — Les chefs de service résidant au chef-lieu, constitueront, dans chaque département, le jury d'admission, auquel appartiendra la nomination des surnuméraires.

ART. 6. — Le programme d'examen pour le surnumérariat, sera le même dans toute la France, et pour tous les services. Il sera arrêté par une commission siégeant à Paris et composée d'un membre de chacun des services; lequel membre, sera désigné par le conseil supérieur, ou par les plus hauts gradés du service.

ART. 7. — La loi fixera les limites d'âge, entre lesquelles les examens pourront être subis. Par exemple, de 16 à 20 ans, pour les écoles spéciales; de 16 à 24, pour les surnumérariats.

ART. 8. — Il ne pourra être subi, par le même sujet, que quatre épreuves, au plus, dans chacune de ces deux voies de concours.

ART. 9. — Les concours locaux auront lieu tous les ans. Chaque administration locale fera connaître, six mois au moins avant le moment du concours, le nombre des places dont elle pourra disposer.

Art. 10. — Pour les bureaux de chaque ministère, le recrutement du personnel se fera également par la voie du concours, et sur programme. Le jury d'admission y sera formé par les chefs de bureaux des divers services et par un nombre égal de fonctionnaires des mêmes services; lesquels fonctionnaires seront désignés par le conseil supérieur, ou par les plus haut gradés du service.

Art. 11.—Les jurys d'admission prononceront sans appel.

Art. 12. — Les ministres seront à la nomination du chef du pouvoir exécutif. — Les préfets également, si l'organisation préfectorale actuelle est conservée.

Avancements.

Les avancements seront réglés, en dehors de l'arbi-traire des ministres, sur les bases qui paraîtront les meilleures. Le système que nous préférerions serait que l'ancienneté fît seule autorité pour les deux ou trois premiers grades; qu'ensuite l'élection préva-lût; mais réglée ainsi : les deuxièmes commis nommeraient les sous-chefs de bureau, qu'ils choisiraient parmi les premiers commis; les premiers commis nommeraient les chefs de bureau, qui seraient pris dans les sous-chefs; ainsi de suite.

Dans tous les services, les choses seraient réglées d'une manière analogue.

Nous ne donnons ici que les principes. Aux législateurs qui adopteraient nos idées, de les compléter.

Essai d'organisation judiciaire.

Pour les magistrats, trois conditions doivent être remplies : le savoir, l'honorabilité, l'indépendance. Elles le seraient par l'organisation suivante :

Réorganisation de la magistrature.

ART. 1er. L'administration judiciaire du pays se subdivisera en provinces, arrondissements et cantons.

ART. 2. — Elle sera formée d'un tribunal suprême ou Cour de cassation, siégeant dans la capitale; de tribunaux d'appel, siégeant aux chefs-lieux des provinces judiciaires; de tribunaux de première instance, siégeant aux chefs-lieux des arrondissements; et, enfin, d'un juge de paix, dans chaque chef-lieu de canton.

ART. 3. — Le personnel de chaque tribunal sera formé des juges ou conseillers qu'il comporte, et d'un parquet. Ces juges, ces parquets et les juges de paix constitueront le corps de la magistrature française.

ART. 4. — Pourront prétendre à la magistrature, les docteurs en droit seulement (1). Ils devront dépo-

______

(1) Nous demandons le grade de docteur. Trois degrés existant dans la science du droit : baccalauréat, licence et doctora', il est convenable d'exiger le plus élevé, de ceux qui aspirent à appliquer la loi.

ser une déclaration de leurs intentions, entre les mains du tribunal de première instance où ils veulent exercer les fonctions judiciaires.

ART. 5. — Le tribunal statuera sur leur demande, et acceptera ou repoussera la candidature.

Le candidat repoussé une première fois, pourra reproduire sa demande jusqu'à trois fois; après le troisième refus, il sera définitivement déclaré inapte à la magistrature.

ART. 6. — Le candidat accepté sera aussitôt inscrit sur un tableau exposé dans la salle des Pas-Perdus du palais.

ART. 7. — Les noms inscrits pourront être rayés du tableau; mais seulement sur un jugement rendu en séance publique, par le tribunal de première instance.

Ce jugement pourra être infirmé, une première fois, par le tribunal d'appel compétent. S'il se renouvelle, il sera définitif, et le candidat sera rayé. Il pourra solliciter de nouveau d'être inscrit au tableau. S'il est repoussé, ou si, étant inscrit, il est rayé une seconde fois, il sera déclaré inapte à la magistrature.

ART. 8. — Tout nom qui sera resté cinq ans au précédent tableau, sera porté de droit sur un autre tableau, également public, qui sera dit : tableau de la magistrature.

ART. 9. — En cas de vacance d'un emploi de juge de paix dans un des cantons d'un arrondissement, ou d'un siége de juge au tribunal de première instance, la nomination se fera à l'ancienneté, parmi les noms inscrits au tableau de la magistrature de l'arrondissement.

ART. 10. — En cas de vacance d'un siége au tribunal d'appel, les inscrits sur les tableaux de la magistrature du ressort pourvoieront à la nomination, par la voie du scrutin secret, et parmi les juges de paix et les juges des tribunaux de première instance, du ressort.

ART. 11. — En cas de vacance d'un siége au tribunal suprême, tous les juges de paix et tous les juges des tribunaux de première instance, pourvoieront à la nomination, par la voie du scrutin, et parmi les conseillers des tribunaux d'appel.

ART. 12. — Tous les tribunaux auront la libre nomination de leur président, de leurs vice-présidents et de leur parquet.

Les président et vice-présidents de chaque tribunal, devront être pris dans son sein.

Quant aux parquets, le tribunal suprême recrutera le sien partout où il voudra; mais, toutefois, parmi les membres inscrits de la magistrature du pays ; les tribunaux d'appel ne pourront faire porter leur choix que sur les membres inscrits aux tableaux de la magistrature des tribunaux de première instance de leur ressort; les tribunaux de première instance seront limités, eux, aux seuls noms inscrits sur leurs tableaux.

Cet essai de réorganisation judiciaire, termine ce que nous avions à dire sur les fonctions publiques.

TABLE DES MATIÈRES

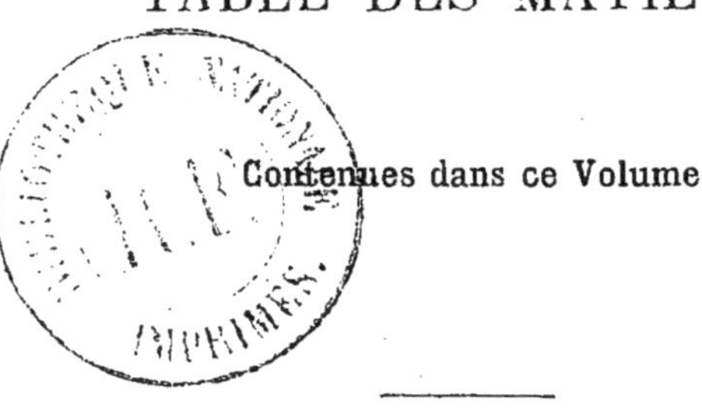

Contenues dans ce Volume.

FIN